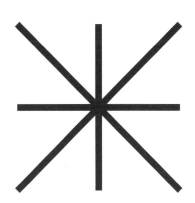

REFORMATÓRIO

humberto pio

Copyright © 2021 Humberto Pio
Talagarça © Editora Reformatório

Editores
Marcelo Nocelli
Rennan Martens

Revisores
Marcelo Nocelli
Natália Souza

Fotografia
Marcelo Dacosta

Capa, desenho gráfico, editoração eletrônica e produção
Estúdio Risco

Impressão
Gráfica Águia

Costura
PNJ Acabamentos Gráficos

Dados Internacionais de Catalogação na Publicação (CIP)
Bibliotecária Juliana Farias Motta CRB7/5880

P662t Pio, Humberto, 1972–

        Talagarça / Humberto Pio. -- São Paulo: Reformatório, 2021.

        112 p. : 21x21cm

        ISBN: 978-65-88091-34-0

        1. Poesia brasileira. I. Título

                                      CDD B869.1

Índice para catálogo sistemático:
1. Poesia brasileira

Todos os direitos desta edição reservados à:
Editora Reformatório
www.reformatorio.com.br

Para Janete e Tadeu,

na dança do silêncio
na intenção do peixe

Eu era gases puro, ar, espaço vazio, tempo
Eu era ar, espaço vazio, tempo
E gases puro, assim, ó, espaço vazio, ó
Eu não tinha formação
Não tinha formatura

Stela do Patrocínio
Reino dos bichos e dos animais

SUMÁRIO

CÓRTEX

15	margens plácidas	
16	taboão	
17	faroeste caboclo	
18	pintura mágica	
19	sentidos da infância	
20	perto do morro do mijão	
21	pé ante pé	
22	potências de linguagem	
23	cristal	
24	haicai para amélia	
25	aniversário	
26	lugar-comum	
27	funesta	
28	a futurista	
29	sardo	
30	a parte anterior do jiló	
31	excertos de córtex	

DERIVA

educandário	37
meio-fio	38
polegar	39
caju amigo	40
ouro	41
p&b	42
onda	43
terno	44
access to line five lilac	45
sala de visita	46
espelho intransponível	47
vitrina	48
galega	49
estilhaço	50
impermeável	51
a parte anterior da janela	52
excertos de deriva	53

URDIDO

59	desarquitetar	
60	plataforma bovina	
61	cerca	
62	avoenga	
63	horizonte de eventos	
64	oficina de quarto	
65	alfombra	
66	elemental	
67	talharia	
68	escrita em c	
69	gás	
70	agonístico	
71	homo-ludens	
72	nudomania	
73	cláusula do gestor	
74	a parte anterior da justiça	
75	excertos de urdido	

FÁSCIA

parte	81
conjuntiva	82
choro nº 1 [da ordem das miudezas]	83
victoria's secret	84
longes	85
pirulito	86
curadoria	87
fotografia	88
espectro	89
abarbarar	90
heteroforia	91
isto sem falar do veneno	92
suprême	93
mapa	94
roupa interna	95
a parte anterior do joelho	96
excertos de fáscia	97
um fio para a meada *Paulo Ferraz*	101
agradecimentos	108
sobre o autor	109

COR

TEX

*Aonde me levam estes passos
que não soam e que não vão:
às armadilhas do vôo
como paisagem no espelho
espatifado no chão?*

Olga Savary
Pitúna-Ára *Sumidouro*

MARGENS PLÁCIDAS

na casa da avó
um bebê flagrado
em berço esplêndido
pinta nuvem tormentosa
salpica de matéria a parede
não poupa lençol e mosquiteiro
sorri em sépia deitado eternamente
com braço forte ostenta impávido colosso
deleita-se no acre dum bom bocado de merda

TABOÃO

      cruzes
cravo
      mexericas
cravo
      canelas
cravo
      insectos
cravo
      rochas
      ciclópicas

      o canteiro
cravejado de
      crisântemos

FAROESTE CABOCLO

tinha broche de xerife?
cinturão de balas e coldres?
um par de revólveres de espoleta?
ao menos uma carruagem em miniatura?

no vestíbulo, o cheiro de serragem vindo lá do galpão

PINTURA MÁGICA

na máquina futurista do parque
uma criança centrifuga as cores
jorradas de bisnagas sujas para
não para um cartão velozmente
veloz mente e para fingindo ser
aleatório e agora quase quadro
cinza excelsior excessivo mudo
o mundo misturado do menino
já seca grampeado em moldura

SENTIDOS DA INFÂNCIA

de dia capturava cigarras, à noite molestava vagalumes;

PERTO DO MORRO DO MIJÃO

do pneu
do balanço
do abacateiro

a gente vê
a sete-léguas
a terra aflorar

                                                                                       o pé
                                                                                       ao pé
                                                                                 do pé de cidra

                        depois do mandiocal
                                                          tio nego enterrou o cara lá

PÉ ANTE PÉ

                      de balas não gostava a não ser do aas
duas cartelas roubadas na mercearia
            primeiro delito o consumido no beco
desequilibrado escalando as paredes
              o sangue rarefeito em baixas atitudes

POTÊNCIAS DE LINGUAGEM

quando falou do garoto no ponto mais extremo do caquizeiro
o poeta abriu uma porta no alpendre da tia-avó e eu estava lá
o poeta é sabido e disso já sabia também: que eu já era eu aos
dez: doce de leite, ladrilhos antiderrapantes, cama, meias 3/4
o tio doente de derrame balbuciando palavrões por anos a fio

                                                                                                         budabariu!

CRISTAL

amarga na garganta
doce na ponta da
língua salgada
meio ácida
ao fundo
assoalho
da cabeça o
mapa do gosto
ciências infantes
a boca sem estuque

apenas o velho soalhado
o cinto apertado de sabores
de músculo sem óxido de ferro
ou mesmo glutamato monossódico
sabor seja o que for híbrido palatolfato
gosto seja o que for límbico visceralmente
o nervo glossofaríngeo e a corda do tímpano
as papilas gustativas: nenhuma ciência, amparo
aclara a complexidade do teu suco de limão cravo

HAICAI PARA AMÉLIA

giramundo eclipse
analógico quintal
num espaço curvo

ANIVERSÁRIO

bolo de nozes
nunca seria
suficiente
lúcida e coquete
caminha lento

não entende
o porquê
da mulher nova
que quer
ser presidente

eu assinto
na discórdia
do novo homem
que quer
creme antirrugas

mora lá
cá acolá
soberana
há exatos
noventa e oito anos

tia clara tosse

LUGAR-COMUM

folhagem vermelha
lençol
fronha amarelada
lembra
a duras penas

FUNESTA

                                              tem mulher que sismo

canhota

                                              (todas elas imagino de

esquerda)

                                              já não lembro se a ex é

                                                                               destra

A FUTURISTA

corpo do sr. archimedes
sabe bem a lei da alavanca
escala prateleira de madeira
gasta em mocassins de couro
em busca do mais fino artefato

o corpo do velho sr. archimedes
sabe bem do equilíbrio dos planos
entre as mossas age ágil como lebre
numa requintada geometria aplicada
à aritmética de seu capital progressivo

alto lá o chapéu copa em gota modelo xxx
adormecia tranquilo ao abrigo de toda a luz
numa caixa desbotada com desenho western
marcada pino59 em filipeta colada com durex
eis que agora a lebre jaz para a prova no balcão

no enquanto isso à meia altura archimedes
resgata orgulhoso peças do mais puro linho
enlojando-as entre caixas (chapéu e guichê)
fazendas que alisa com indisfarçado sorriso
a comover senhora freguesa atrás do móvel

a cabeça do velho comerciante sr. archimedes
enxerga certamente a hidrostática dos corpos
apensada à aritmética do capital progressivo
causa da preservação dos tecidos mais altos
da vasa do córrego que ontem transbordou

de tal sorte que hoje no balcão de mogno
moram dobrados os panos da enchente
retalhos exclusivos em rara promoção
reimpressões promovidas pela lama
que a cidade toda sorveu obrigada

uns clientes em busca de poesia
com apreço ao extraordinário
este casal encorajado à vista
à compra do chapéu social
e da fazenda enlameada

SARDO

na ilha
dos anciãos
memória é pedra

A PARTE ANTERIOR DO JILÓ

difícil precisar atrás do talo
não quer amargo fruto passado
verde tônica negra verte pela rótula

EXCERTOS DE CÓRTEX

HERDADE angueretá é o distrito das almas.

KICHUTE cadarço sem ponteira amarrado na sola.

CONTRASTE nunca soube chupar picolé de groselha.

PEITORIL o estrato íntimo de um hibisco despetalado.

PEITORAL o extrato íntimo de um hibisco despetalado.

FORTALEZA espada trespassa o calcanhar de sócrates.

COLOMBO poesia a gente encontra num copo de geleia.

TRESBORDAR oferta do embornal pétalas intactas de dedé.

DER

IVA

em chão
de pedra e de aço
onde não
permaneço
                    — p a s s o

Zila Mamede
A ponte *Exercício da palavra*

EDUCANDÁRIO

      (recém-chegado à capital

trajeto faminto
cursinho — ponte — casa

sonho destino
arroz — estrogonofe — batata

      (comida que a mãe congela pro mês

freio súbito
passageiro — cobrador — motorista

      — então é assim que se vai pro céu?

vista janela
grama — pedra — grama

) nem não soubesse cemitério judeu

) nem vida houvesse pós ponto habitual

ressuscita enfim
sem um puto pra passagem de volta

MEIO-FIO

                                                                                          8 de copas
                                                                                         rua dos pinheiros

almoço de domingo: vatapá e arroz de hauçá
aluno de química retira uma a uma as escamas dos anéis de cebola

                                                                                             ás de paus
                                                                                       parque ibirapuera

quarta-feira: mão, esfera, cogumelo, explosão
crítico de arte propõe artista cubano orixá a cavalo do modernismo

                                                                                         9 de espadas
                                                                                      alfonso bovero

quinta-feira chuvosa: sorte no balcão do sebo
é natural que um real pague o império da sabatina sexual da criança

                                                                                              curingão
                                                                                      teodoro sampaio

dia de semana à noite: caminho do blen blen
uma gilete pendurada no pescoço da recepcionista do baile catingoso

                    outono juntando baralho na cidade no buraco nenhuma carta de ouros

POLEGAR

(diurnas)
velho dirige fusca azul marinho desbotado até onde aluno precisar
estudante de química vende ovos caipiras no campus universitário
esportista do furgão reclama ao telefone ausência dela na garagem
docente perneta propõe resgatar voz do passado com história oral
bancária em temerosa direção promove uma indulgente autopiada
funcionária dileta pedida em casamento por motorista de chevette
professor estrangeiro afirma já ter desistido da reforma curricular

                                                           (noturna)
no sábado rumo ao encontro de estudantes
é confundido com michê por boy de peruca
franja esvoaçante que freia brusco o escort
conversível no costumado ponto de carona

CAJU AMIGO

sonhara com o avô, a cabeça zunindo logo cedo não era bom sinal. escovou os dentes, desjejum na rua, cara amassada, cheque pra depositar. [de orelha em pé] o pior são os filhos. pobre da miriam. vai deixar saudade. porra-louca, mas pessoa de bem — o pão de queijo amargo, a laranja azeda — pensar que a filha não teve paciência pra ouvir a última piada, adolescente sabe como é. eles fumavam e comiam muito. tão de repente... o amadeuzinho desceu pedindo por socorro, chamaram a ambulância do plano, ao menos foi atendido. por ele qualquer cova, será cremado. mas antes arrancam-lhe os olhos e sei lá mais o quê. credo, como é que eles fazem? acho que botam no gelo. [incrédulo] um café curto, por favor! cliente trôpega: aquela senhora que está sempre aqui no caixa é sua mãe, não é? ela caiu ao descer do ônibus, tem sangue pra todo lado na calçada. empregada solicita: pode deixar que eu vou lá — enquanto a patroa aturdida procura o telefone sem fio — [estômago revirado] fecha a conta, por favor! atravessou a rua o tumulto ainda não desfeito no ponto, ligou do orelhão da esquina, entrou no banco, rumou até a copiadora para imprimir algumas folhas antes da reunião. sem fome almoçou tarde, sesta no sebo, portas arriadas, aviso de pincel atômico sobre cartolina — fechado motivo luto: morreu seu amadeu — os dois quarteirões da volta uma matinê de cinema: na primeira deriva aquela fotobiografia de drummond, bandeira e mário surrupiada de escola estadual, comprada com apara colada na folha de rosto tapando carimbo e tombo; o álbum de serigrafias do conhecido estudante de artes em troca da caixa de sapato cheia de moedas; e o epílogo do caju compartilhado desde uma outra caixa ofertada por outro cliente, que ele ficou sem graça de recusar e acabou rendendo um retorno à ditadura na lembrança do famoso drinque do pandoro, que para o velho livreiro era bebida revolucionária: uma unidade do caju em calda, duas partes iguais de maguary e vodca, gelo, gotinhas de limão. virou a chave, adentrou encalorado — a lembrança lambuzada da flor — e abrindo a janela da sala do apartamento surpreendeu-se com o viço na terra ressecada da floreira: a castanha daquele dia — bendito é o fruto — brotara. à noite não lhe restava alternativa senão vestir sua boina vermelha e pegar um táxi até a famosa locação decadente, pra beber o defunto.

OURO

sacana no ponto
mijava tão doce
que as formigas
sorviam diabete
ainda morninho

P&B

lua cheia no fim da escadaria sebos
do baixo viaduto fechados a má
oclusão esconde as arcadas
coração na boca carteira
na cintura boné de aba
reta dirige-se manso
até um transeunte
para não causar
saber da hora
extra temor
de perder
o último
ônibus
1 5 7
tremer
a descida
do everest
casca grossa
não tem nada
para dar a mão
no bolso disfarça
coração na boca não
saca celular nem a pau
envergonhado sente ser
desumano na zona da morte
o estômago ronca sob os arcos
desmaterializa-se em patrimônio

ONDA

                aqui não ré
              percute rompe
              dor ou a brita
               de ira racha
               o chão duro
               inciso pneu
                    má
              tico de pedra
                na cabeça
                  domar
                   tê-lo

TERNO

do presente
ainda se
ressente
passado a
limpo na
lavanderia
automática
benedetta cappa

ACCESS TO LINE FIVE LILAC

com o devido cuidado entre o vão
e a plataforma baldeou na estação às cinco saiu
costurando o mundo neste abscesso do inferno
azul para a linha lilás carregando penitente a
santa cruz cotidiana

queria ver o pôr do sol lá na vila das belezas

SALA DE VISITA

quando vi teus dedos nervosos a tatear meu livro
eu quis mergulhar em tempo puro intactinstante
quando revi tuas unhas agora esmaltadassangue
coágulo em teia cosmogenética de ausência casta
aquilo me deixou sem a graça do farelo no tapete
nossos corpos atravessando as palavras e o bolo
os olhos da menina e a mão esquerda nos óculos
e já não havia cor além do azul mais profundo ali
olhos cansados querendo lembreternizar o vazio
antes que abrisses tua pequena caixa de pandora
me conduzisses incontinente ao hall do elevador
a desejar que agorassimais possível víssemo-nos
trás à grandinsólita portesquife de madeirescura
desci de nós do prédio e fui bordejar cidade cinza
desde o teu infernastral então recém-inaugurado
portando na mochila os números um, zero e dois

ESPELHO INTRANSPONÍVEL

uma escada quebra
rolante escada quebrada
rola até que para

VITRINA

a paisagem da sunga
desbotando dia após
dia de sol até um ab-
rupto dia d ausência
do suposto coqueiro
neste sol-não-posto
e nem a placa aplaca
a dor da ausência da
paisagem da esquina
lê "passa-se o ponto"

GALEGA

em fila
ganchos
desnudos
gordurentos
perfeitamente
talhados na aba
moldura cerejeira
vergonhas apuradas
em colheitas de ontem
e já não há quem reclame
da posta–restante o mamão
maduro maracujás enredados
três mangas penca de bananas
um abacate dois abacaxis courvin
verde amarfanhado em rotos bancos
o novo menu entrega: anuncia delivery

ESTILHAÇO

quebra
-esquinas
quebra
-cangalhas
quebra
-munheca
quebra
-largado
quebra
-rabicho
quebra

abanca

IMPERMEÁVEL

```
                /
        /
                /
para-raios/saga
        -cidade/
guarda-chuva/capa
        -city/
palavra-ônibus/fuga
        -cité/
/
                /
        /
```

A PARTE ANTERIOR DA JANELA

malha articula luz e sombra
protege mau-olhado transeunte
esta rótula fasquia o vento de ciúmes

EXCERTOS DE DERIVA

TRANSPOSIÇÃO ser porta-bandeira de arrabaldes vermelhos.

ENDEREÇO descobrir no palíndromo matinal o poder místico do porvir.

MIXOSCOPIA um dado aleatório na mochila dela.

AMPLEXO em laço nós inconformes.

COMPLEXO em lasso nós inconformes.

SUMIDOURO fitar olga olhando para o nada.

BOMBA no cantinho do recalque vaso virou cinzeiro.

LUMINOSO v. se encontra na posição da seta.

URD

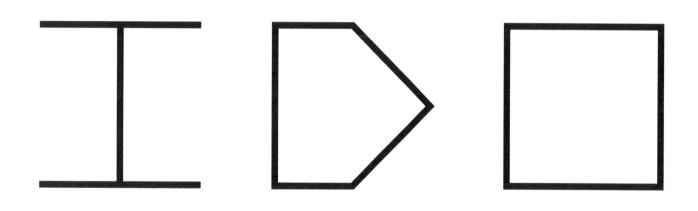

*Uma trança desfaz-se:
as mãos buscam o fim
do tempo e o início
de si mesmas, antes
da trama criada.*

Orides Fontela
Meada *Transposição*

DESARQUITETAR

afirmar-se poeta
como quem fura fila
alteridade à qual, agente
a gente logo
ao logo se acostuma

PLATAFORMA BOVINA

balança-tronco
com
cursor
de tara
: escrevo
por precisão

CERCA

antes de tudo
advérbio que une
e depois e sobretudo
um substantivo feminino
talvez o derivado regressivo
do ato de cercar não possa ser
esta obra de madeira e aço
este parônimo concreto
um controverso muro
a evolução factível
do que invariável
foi tão próximo
presentemente
cinge e cinde
a cerca de
esticador
balancim
retranca
mourão
grampo
arame
acerca de
cavadeira
martelo
formão
serrote
enxada
alicate
moitão
há cerca de
séculos
segrega
o sertão
cerca
guarnecida de dentes
militariza o território
junto ao mata-burro
emula a seguridade
burocratiza o chão
guarda a escassez
cultiva os medos
cicatriz da terra
delírio de poeta
ser da natureza
rompê

-la

Inspirado na obra *Uma extensa definição de cerca, substantivo feminino*, de Mabe Bethônico, com citação do poema "É da natureza querer romper as cercas", de Maíra Garcia.

AVOENGA

meada e mídia
novelo e novela
          um gancho

na ponta da agulha
          o cordel

crochê do meu chão

HORIZONTE DE EVENTOS

na promoção da leitura do poema inédito a aréola da poeta escapa do decote

esqueço
das galochas inadequadas ao ensolarado do dia
das pulseiras puídas em desejos inconfessáveis
do azul desbotado das unhas dos dedos da mãe
dos brincos mimese do vestido de listras largas
da meia calça roxa da cor de sua aréola obscura

lembro
da sua tentativa de fuga às metáforas óbvias do
buraco negro que lhe serviu de mote ao poema

OFICINA DE QUARTO

aprender o mundo todo
em casa com os teus
cílios-borboletas
os vocábulos
a prender
os tesouros
olhos-jabuticabas
no livro com os teus
apreender a matemática

ALFOMBRA

bordar as palavras ponto cruz credo
ponto e vírgula passei no armarinho
atrás de tela pronta que desembeste
a carreira dois pontos elãs de linhas
sequenciais de meio ponto ou ponto
a meia vírgula agulha fio cantando e
tesoura no remate sem nós de início
e fim vírgula que tesouro à mão é na
quebrada do verso que se vê o revés
ou o êxito ponto com de exclamação

ELEMENTAL

a pá lavra
o culto
à palavra
oculto

TALHARIA

uma lâmina
atura
uma lâmina
rompe
uma lâmina
risca
uma lâmina
carda
uma lâmina
carde
uma lâmina
corta

esta lâmina impressa

ESCRITA EM C

um abraço
vão dois braços
vara bordeja gargalo
chave d'água gravidade
garrafa sublevando a maré
tua saliva empoça praticável
um escorregador de notas
banco ampara a garrafa
madeira firma metal
teu nome é pedra
bocal campana
e mosteiro

GÁS

poema cebola
os catafilos semânticos
envolvem a gema

AGONÍSTICO

contrariando
o mestre
tijolo é matéria
de poesia
que não seja
concreta

contrariando
a mestra
poesia é matéria
de argamassa
que não seja
revestimento

o arquiteto
sem concessão
ao barroco
a poetisa
sem transigência
ao moderno

imagino a freira
com seus bibelôs
e segredos
na casa austera
planta livre
janela astral

artigas — artigos
adília — idílio

assento verso
junta seca
mãos ásperas
para agarrar
a palavra
liberdade

HOMO-LUDENS

	casa	
de anulações	de categorias	de trapos
não	talvez	sim
de penhores	inclassificáveis	de trapaças

	caso	
de museu	de trabalho	de desenho
talvez	sim	não
de futuro	presente	de acaso

	case	
de papel	de sucesso	de aliança
sim	não	talvez
de passado	binário	de ouro

NUDOMANIA

nu
    a
nu
    ca
    pé
nu
    cal
    dez
    mas
nu
    mero
    trem
    triz
    vens
nu
    bente
    celas
    dista
    evita
    cegos
nu
    (((s)))

CLÁUSULA DO GESTOR

a omissão e/ou demora por
qualquer uma das partes em exercer
qualquer direito aqui previsto
não será tida como
a renúncia ao seu exercício
nem poderá o exercício
isolado ou parcial de
qualquer direito aqui previsto
impossibilitar
qualquer exercício
futuro ou mais amplo
de tal direito ou de
qualquer outro direito

A PARTE ANTERIOR DA JUSTIÇA

adúbio de verso teia palavra
posta cultura rótula tear repasso
em tempo tece urde fia carda e colhe

EXCERTOS DE URDIDO

REFORMA ideia sem acento não serve para nada.

RETRATO escrita para quando filme não revela.

DORFLEX só matizo quando somatizo.

ESPÉCIE cozer é inventar um segredo.

SUTURA coser é inventar um segredo.

CINZEL vladimir sugere temperar a lonjura e lograr o tempo.

PALMI-TOP-TOP-TOP o hermético hoje vem com lacre abre-fácil.

PRISÃO cagar só consegue com o dicionário entre as pernas.

FAS

CIA

O que é a carne? O que é esse Isso
Que recobre o osso
Este novelo liso e convulso
Esta desordem de prazer e atrito
Este caos de dor sobre o pastoso.

Hilda Hilst
Noite VI *Do desejo*

PARTE

cicatriz oblíqua
uma incisão necessária
memória indelével

CONJUNTIVA

conhecia meu passo adolescente
                         desabalando cimento do quintal
                                             pisando duro de fome e de tédio

CHORO Nº1 [DA ORDEM DAS MIUDEZAS]

em oitava superior
teus dedos espertos
tateiam nossas chaves

em escala precisa
tua boca indizível
arpeja doce sorte

o som mais agudo

VICTORIA'S SECRET

teu beijo de leite
paraíso de sorvete

teu queixo angulado
de proporção dourada

teu nariz arrebitado
o esquadro na glabela

tuas bochechas precisas
a bordejar maçãs evidentes

tuas luzes baunilha e pistache
sob o coque coroado em tarrafa

teu cóccix intuído atrás do balcão
a carne traseira e o osso-do-pai-joão

a voz refrigéria: tenha um ótimo gelado!

LONGES

talvez eu me soubesse perto
aquela noite lá na biblioteca
aquela frase no colo coberto
aquela frase na saboneteira
aquela boca lá na biblioteca
aquela era tua boca eu sabia

íntimo tímido

        no ermo mudo

                malpassado osso

PIRULITO

e por não saber o que fazer depois
que você agarrou em minha barba
daquele jeito que é só seu e sorriu
me oferecendo face para um beijo
cambaleante corri a disfarçar este
sismo outra voz nós outros todo o
tempo continuum mesmo coração

CURADORIA

dentes seixos
rolados
lábios selvas
repuxos
nasais fossas
solares
suculentos
os sulcos
anelares
couraças
salientes
as pintas
salpicadas
amoras
ungueais
teu canto

FOTOGRAFIA

unir pintas
com pincel
traçar pele
                                       constelações
                                                                                        urdir rota
                                                                                       com azuis
                                                                                       pelo subir
                                         marés
os fiordes
precipitar
a enseada
                                         navegar
                                                                                      em tempo
                                                                                       desbordar
                                                                                       distâncias

ESPECTRO

b r a n c o
o copo de leite
vetor aleatório
tempo discreto

r   o   s   a
procura no ruído
cor dando banda
um ritmo afetivo

v e r m e l h o
verter pela orelha
visco para deleite
de todo o carreiro

ABARBARAR

quente
úmida
escura
a voz veste
carne da língua
a voz desenha
martelo
estribo
bigorna
a voz enfarta
corpo do osso
a voz toca
hélice
lóbulo
concha

o ouvido goza

HETEROFORIA

tropeço   é desvio manifesto
entrópico   disposição distorcida
esta trópica   involuntários castanhos
própria de tropia   bifurcando dos meus azuis

ISTO SEM FALAR DO VENENO

                                            invejo o musaranho-pigmeu

que em sua dieta mediterrânea continuada come
duas vezes o peso próprio ao dia queima calorias
pra manter quente cauda longa orelhas de abano
azeite músculo oco que acusa precisamente 1207
pulsos na plenitude do minuto a plenos pulmões

que manipula sob os pés o mesmo ar que respira
ofegante arqueando-os – pés céleres – promoção
do milagre de caminhar sobre as águas turvas do
lago a travessia pra arrumar briga com outro por
acasalar a fêmea ou qualquer outro motivo torpe

que vencedor se engalfinhará na anã com pressa
num ritual sadomasoquista precedido de estalos
excitados primevos feitos grunhidos coléricos se
não correspondidos para a morte fecunda do pai
canibalizado deixando órfãos nove filhotes cegos

que de vigor e torpor vive ou morre este parente
das toupeiras o pequeno musaranho sobrevivido
ao inverno sem vermes, insetos ou caramujos na
toca cavada ao chão profundo letargo depressão
metabólica seu próprio rabo à guisa de cobertor

SUPRÊME

corte as extremidades
(uma tampa em cima
outra tampa embaixo)
ponha a laranja em pé
(os talhos extremados
ajudam no equilíbrio)
retire toda a casca em
sentido longitudinal —
— agarre descorticado
nas mãos o fruto com
delicadeza (o cuidado
para não virar suco) e
então você perceberá
película que desjunta
e dá forma aos gomos
(tecido fino feito seda)
trinche rente pro lado
de dentro de maneira
a preservar as divisas
apensadas à columela

aparte os endocarpos
sirva como guarnição

MAPA

atravessar epiderme

baldear afetos

cartografar lâmina

diluir fronteiras

alfinetar meridianos

bordejar víscera

conectar pontos

desorientar bússola

alongar músculos

bombear sangue

canalizar fluxos

desviar energia

ROUPA INTERNA

lia-me					e-mail					melai

lime-a					li ame					ali em

ai mel					ela mi					ei mal

leiam					e a mil					liame

A PARTE ANTERIOR DO JOELHO

osso era o rótulo da rótula
rodinha em desuso que acabou
sacrificada no pratinho de gergelim

EXCERTOS DE FÁSCIA

CAVADA que metro mensura a distância segura das virilhas alheias?

ESTEREOLÓGICA a gente chuvisca como o tempo.

TESTÍCULOS o enigma da enguia: sexo e morte.

SAGRADO em tempo dilatado espiar a carnadura.

SECULAR em tempo dilatado expiar a carnadura.

ANTROPOMETRIA o azul ultramarino de yves é privilégio branco.

GALOPE gema mole! – vaticinou sobre a carne serenada.

CÔVADO a um metro do abismo social.

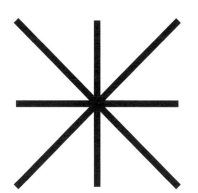

UM FIO PARA A MEADA

Paulo Ferraz

De certo, muita gente há de ter pensado, diante de tanta catástrofe os poetas seguem escrevendo? Pode até parecer estranho, mas assim como as demais tarefas humanas, a poesia não fica suspensa no tempo à espera de que a tempestade passe ou o humor melhore. Engana-se quem supõe que a poesia equivale a um passatempo para se desfrutar exclusivamente numa tarde ensolarada de domingo. A simples constatação de estarmos aqui basta para que se faça poesia. Aqueles que se lembram que a poesia nos acompanha em quaisquer circunstâncias, inclusive nas mais abjetas e aviltantes, têm recorrido a Hölderlin para pensar na urgência dos acontecimentos em face da mediação sensível da poesia, talvez porque tem nos assustado – depois de muitas décadas de aparente calmaria para certos setores da sociedade, em especial para aqueles de onde vêm boa parte dos poetas e seus leitores – parecermos estar à beira do precipício, na iminência de estas serem nossas últimas palavras. E essa não é uma imagem hiperbólica ou alarmista. Portanto, é sim compreensível que perguntemos para que poetas em tempos tão miseráveis, não por desconfiança ou ceticismo, mas sim como consideração a respeito das maneiras como fixam o que estamos passando.

Sem receio de parecer idealista por demais, a poesia é uma das alternativas para resgatar em nós as mais profundas dimensões da linguagem, às quais perdemos acesso quando a rotina só nos inspira o medo e outros sentimentos de alheamento, pois a sobrevivência, ao que tudo indica, só precisa da dimensão mais utilitária da fala, a mais rasa camada do que faz de nós seres dotados dessa faculdade incrível de apreender a realidade e transformá-la à nossa imagem e semelhança. Ignorar o laboratório da linguagem, que pode ser o outro nome para poesia, equivale a ignorar a nós mesmos. Os poetas nesses tempos são nosso farol (não apenas para mostrar a saída, mas sobretudo para evitar o naufrágio interior e permitir que sigamos navegando), como o foram em todos os demais tempos sombrios, pois fabular, tirando por um instante os pés do real, é uma necessidade básica. Poetas não nos ensinam nada, pois não têm superpoderes, nem mesmo a de antenas da raça, apenas compartilham conosco uma habilidade que todos possuímos. Possuímos, mas que não nos lembramos bem de como empregá-la.

O aparecimento de *Talagarça* de Humberto Pio é, desde o título, um acontecimento que justifica esse esforço em favor da poética da linguagem. Por um instante, nossa mente revolve o idioma que aprendemos a imitar desde muito cedo, faz aproximações, analogias, suposições, hipóteses e o título permanece ali como um vocábulo sem significado aparente. Essa sensação entre a incompreensão e a ignorância serve como alerta: a língua vai muito além desse conjunto de palavras corriqueiras que usamos no modo automático, aliás, ela não se resume à tarefa de comunicar o trivial ou o irrelevante. Dificuldade para muitos, um livro começa pelo título, é ele quem dá o tom do que virá a partir de vencida a capa, mas no caso de *Talagarça*, diria que o título já desperta a primeira experiência sensível ou a primeira provocação à nossa inteligência, que só se resolve ao enfrentar o desafio de conhecê-la. Com efeito, alguns poucos não irão precisar folhear seu dicionário interno, podendo pular esse primeiro estranhamento, o que não acarreta dizer que o conhecimento do sentido vernacular seja suficiente, afinal a poesia costuma empregar os verbetes dos dicionários, mas está bem longe de se limitar ao que ali se explica. A dúvida já está plantada: em que medida um livro de poemas se assemelha a um tecido com a aparência de rede que se emprega comumente em bordados? Agora sim, todos já vimos uma talagarça, a despeito de não sabermos como chamá-la.

Por ora, fiquemos ainda no título. A tipologia empregada dá a impressão de que pontos foram alinhavados na capa, explorando a rede da talagarça imaginária, criando-se a impressão de haver quadrados dentro do quadro negro maior, recurso visual que se repete nas quatro seções do livro, mesmo quando as letras exigem linhas não ortogonais. O número quatro, pelo visto, é uma espécie de elemento estruturador do livro, pois essas quatro seções contêm cada uma dezesseis poemas, sendo que em cada uma há oito excertos – trinta e dois inventivos e espirituosos aforismos! – que as fecham. Lados iguais, ângulos retos, série, progressão e outras sugestões aritméticas e geométricas apontam para um controle da energia criativa ou ao menos o esforço de equilibrá-la numa forma material. A indagação que nos cabe fazer diante desses indícios é: Humberto Pio está de alguma maneira procurando expor impressões de equilíbrio? E mais, ainda que nos esforcemos, qual a estabilidade desse equilíbrio no edifício poético, por mais bem realizados que sejam os cálculos, já que os leitores acrescentam forças e vetores não previstos pelo projeto original? Evidente que essa busca de organização não se resume a essa aparência externa de agrupar poemas. É neles que devemos procurar seu apuro técnico.

Há quem parta do princípio de que o poema é uma mimese da fala, sobretudo na sua função de externar os pensamentos de alguém. É justo que se pense assim, e que o poema seja uma expressão bem-acabada e altamente elaborada da estrutura do idioma, a partir de figuras, ritmos, coesão, enfim, elementos e fórmulas que juntas propiciam uma relação sensível entre o que o poeta diz e o que efetivamente chega ao leitor. Não estão errados, mas a poesia pode ir muito além, pois o próprio pensamento não se limita às convenções da língua que desde cedo nos condicionamos a repetir e a reproduzir em diversos usos da rotina da comunicação. Mas não custa lembrar uma passagem conhecida de Maiakóvski no seu *Como fazer versos*: "insisto muito na seguinte observação: eu não forneço nenhuma regra para que uma pessoa se torne poeta, para que escreva versos. E, em geral, tais regras não existem. Damos o nome de poeta justamente à pessoa que cria essas regras poéticas." Organizar ideias, memórias, sensações e experiências sem passar necessariamente pelas orações e estruturas sintáticas é um dos muitos desafios que identificamos em *Talagarça*, uma organização que exige um controle da linguagem que explora as muitas possibilidades do uso da palavra, pois é no uso dela (e de seus componentes, os fonemas, as tipologias, sua disposição na página) que reside sua materialidade. Citado Maiakóvski, não é necessário agora citar Mallarmé, que já está mais que evidente.

Tomemos um poema como "Funesta", com as palavras "canhota" e "esquerda" alinhadas numa margem da página, a esquerda, por certo, ao passo que "destra" se desloca para a margem oposta. Visualmente o poema nos conduz, cria um ritmo de cortes e deslocamentos que realçam essas qualificações a respeito das mulheres, preservando, porém, um núcleo, aparência sólida, no qual o eu – que organiza suas impressões – se manifesta hesitante por meio de uma sequência de verbos "cismo" (no poema grafado como "sismo", acentuando a instabilidade desse "terreno"), "imagino" e "não lembro". Há, por certo, uma leitura que preserva a sintaxe cotidiana, porém o que se sobressai é a sintaxe visual do poema, na qual as relações dos termos se dão por seus lugares no espaço, é o que podemos ainda extrair de um certo alinhamento entre o título e a última palavra, uma diagonal que atravessa o poema fazendo recair a carga "sinistra" do poema numa "ex" já supostamente esquecida, mas presente o suficiente para irromper o rastro do rancor. Procedimento similar aparece em outros poemas como "Meio-fio", no qual são dispostos conjuntos (naipes, logradouros, dias, episódios), que desenham um diagrama na narrativa fragmentada ou aleatória que se insinua no poema, ou ainda em "Fotografia", cuja paisagem íntima se reconstrói mentalmente por meio da sobreposição dos blocos que se amalgamam, diluindo contornos, confundindo aparências até suspender o tempo, afinal, toda fotografia tanto quanto a luz e o espaço, capta uma parcela do tempo. E seguramente também em "Mapa", que se viesse acompanhado de uma bússola nos obrigaria a reorientar a página para primeiro saber onde está o norte, não o norte magnético, mas o nosso próprio, o nosso rumo. Em seus doze enunciados, progressivamente de A a D, nos damos conta de não estamos diante de uma carta geográfica, com suas fronteiras e suas rotas, mas a de um corpo que desconhece divisões entre o que se vê como matéria e que se imagina ser energia.

Não bastasse a palavra escolhida para nomear o livro, no poema "Alfombra" encontraremos outro indício de sua poética: "bordar as palavras", que desde já devemos ter claro que não se confunde com a "Profissão de fé" de Bilac com sua inveja da ourivesaria, seu apego às filigranas e fetiche pelas joias sem defeito. O ato de bordar não implicar burilar ou limar palavras para delas extirpar suas asperezas e arestas, mas sim ordená-las, fazendo com que unidas evoquem uma imagem. O que no bordado são os pontos, com sua gama de técnicas e estilos de aplicar os fios, no poema são os inúmeros recursos técnicos que agem como elos entre as palavras, conferindo à escrita uma tessitura própria. Na versificação convencional esse era o papel desempenhado pela métrica, pela acentuação, pela aliteração e pela rima, cuja importância na maior parte das vezes era secundária, uma vez que seu domínio vinha com a leitura de manuais e o treino. Acontece que esses recursos não são acessórios, menos ainda um floreio qualquer, uma vez que o que faz do poema um poema é a sua artificialidade, e mesmo quando o poeta escolhe tratar com a coloquialidade, mesmo aí deve se ter a consciência de que a fala no poema deixa de ser fala das ruas. Os "pontos" que Humberto aplica são muitos, como o sutil jogo sonoro e semântico de "Taboão" ou a dissimulada fragmentação de "Onda", no qual a imagem se constrói antes como releitura, em vez da insistente demonstração um tanto egocêntrica de assertividade tão comum por aí. Há um pouco de ilusionismo na poesia de Humberto, pois suas montagens criam desvios, reflexos e pontos cegos nos quais é fácil nos perdermos, o que não vem a ser um vício de interpretação de nossa parte, já que a desorientação é esperada, é parte integrante desse objeto feito de palavras, cortes, vazios, sinais gráficos, enfim, lemos o texto, mas é pelos procedimentos que o sentimos. Basta que passemos por alguns poemas como "Estilhaço", "Talharia" ou "Nudomania" para que essa hipótese se confirme, o que aparenta estar fora da ordem, está no lugar mais que preciso.

Muitos hão de se lembrar do poema (caso não se lembrem, procurem na nossa memória externa) que Gregório de Matos dedicou ao desembargador Belchior da Cunha Brochado, no qual o poeta baiano faz pequenas intervenções nos versos, deslocando sílabas para um ponto intermediário onde cada uma faria parte de duas palavras distintas. Embora o sentido dos versos não seja em nada afetado, visualmente o poema se apresenta como um mosaico faltando peças. Não faltam, todas as peças estão lá, mas é preciso ligar os pontos do intelecto. O barroco foi pródigo nessas experiências de reorientação do sentido da leitura, independentemente de especulações místicas e conceituais, porque se tratava de uma das primeiras gerações de poetas que contavam com a imprensa à sua disposição, tipos que por serem móveis não tinham que seguir melodia alguma, cuja inovação se fazia sentir em leituras mais complexas que as permitidas pelo texto oral ou a cargo dos copistas.

De tempos em tempos, a tecnologia joga a favor da poesia, pois oferece suporte material para a assimilação textual de novas experiências sociais. Depois de décadas com os computadores dentro de casa, chega a ser estranho que a poesia em sua grande parte tenha regredido ao verso unidirecional, com começo, meio e fim, com sujeito, verbo e predicado. O que talvez se explique pela necessidade premente de se defender determinados valores caros à coletividade, porém à despeito das funções extraliterárias relevantes, tudo anda muito comportado e limitado. Na contramão, por mais que se aproprie de um termo que remete à manufatura e ao artesanato, em *Talagarça* encontramos trabalhos que nascem de uma relação complexa com a produção do texto, que não necessariamente precisa de símbolos ou outros códigos para explorar o poema como objeto visual, no qual os olhos não estão coagidos a descer ziguezagueando da esquerda para a direita, do alto para baixo. É o caso de "Roupa interna", por exemplo, um quadro formado por anagramas das letras "A", "E", "I", "L" e "M", que matematicamente podem formar 120 combinações distintas (5!) ou se considerarmos um único espaço como mais um componente da equação, algo por volta de 720 (6!). Humberto escolheu apenas doze, três colunas de quatro palavras e frases simples e aparentemente desconexas entre si, ocupando na superfície estática do papel impresso cada qual um lugar fixo. Como chegaram até ali? Existe uma ordem? Há alguma razão para no alto da coluna à esquerda estar "lia-me" e na base da coluna à direita estar "liame"? Como dito, há algo de ilusionismo, enquanto a atenção se fixa numa palavra, o poema pode estar se construindo em outras. Essa estrutura mínima do quadrado parece também ser a base de "Homo-ludens", no qual três termos parônimos "casa", "caso" e "case" se veem sujeitos a combinações que adicionam camadas de sentido a cada bloco de texto, nos quais as variáveis adverbiais "não", "sim" e "talvez" são cruciais na permuta de sentidos. Se de longe são todos semelhantes, de perto se mostram bem diferentes.

A finalidade do bordado é o grafismo que dele se obtém, que seja um simples monograma ou as infinitas possibilidades figurativas, de arabescos e abstrações geométricas a retratos e paisagens, o que pode ser feito com grafite e pinceis, pode ser reproduzido com agulha e linhas. É nos desenhos que os olhos se detêm. De igual maneira, podemos dizer que há uma superfície externa do poema que são os temas trabalhados no livro, o que costuma ser chamado de conteúdo. Em *Talagarça* há uma espécie de *Bildungsdichtung*, uma poesia de formação do poeta, na qual a reminiscência e a memória ocupam papeis indispensáveis, pois não são narrativas passadas, são momentos constitutivos do sujeito, são partes integrantes do seu comportamento – e da sua linguagem –, portanto não são a matéria prima, são forças ativas na elaboração dos poemas. Difícil dizer onde acaba a imagem e começa o procedimento, da mesma forma que sem o ponto não há o desenho bordado. As aventuras e desventuras da infância, que "de dia capturava cigarras,/ à noite molestava vagalumes", toda a fantasia vista pelas crianças por trás da mesmice e repetição que é o mundo dos adultos, incluindo-se a fala, livre das prisões gramaticais estão presentes nessa representação da força criativa e um tanto indômita dos primeiros anos da meninice com o kichute e seu "cadarço sem ponteira amarrado na sola". Um tipo de comportamento que quase sempre arrefece com o tempo, mas que nos melhores casos se transforma, fornecendo o combustível para uma juventude igualmente curiosa que se consolida no reconhecimento da cidade, identificando-se com seu ritmo, fundindo-se com ela, com suas ruas e seu trânsito, com sua paisagem tão inóspita quanto acolhedora. Nas bibliotecas e nos sebos há livros à espera de leitores, mas é necessário que se conheça outras gramáticas, a das fachadas, por exemplo, ou das multidões, a todos os signos e mensagens presentes nas formas e nos movimentos. Ou como sintetizou num dos excertos "poesia a gente encontra num copo de geleia".

Com as impressões em torno do fluxo entre o que está dentro e fora de si, que se sintetiza na imagem "crochê do meu chão", Humberto nos faz pensar numa cartografia distinta para a cidade, menos como a relação entre escala e representação gráfica do espaço habitável, algo para se observar com um olhar distante e externo, e mais como uma imensa tela sobre a qual cada um de nós deixa inscritas suas marcas, às quais se somam outros fios e outras tramas, outras cores e outras espessuras, outros padrões e outros novelos. Uma vez que nesse mundo dos fenômenos no qual vivemos não há um Ulisses que um dia chegará de seu périplo para expulsar os invasores que desonram sua casa, não há por que desfazer de noite o que foi costurado de dia. Este é um bordado permanente e contínuo, ainda que muitos fios sejam vergonhosamente interrompidos antes da hora ou que não cheguem a concluir o projeto para o qual estavam traçados, ainda que haja emaranhados obscuros e nós para os quais fechamos os olhos por não sabermos explicar como se fizeram e muito menos como desatá-los. Na verdade, nada do que foi para o tecido pode ser dele retirado, nem mesmo as falhas, embora tendo consciência dos aviamentos que dispomos se possa, pontos sobre pontos, encontrar uma nova urdidura.

Pela alegoria de *Talagarça* reaproximamos o corpo e a experiência urbana, algo que a própria língua já havia há muito conectado, carne e cidade, dois tecidos, dois suportes sobre os quais construímos a história. Bordar, bordamos todos, já cardar toda essa lã grosseira e emaranhada que é a realidade, bem, quem sabe este seja um encargo um tanto mais restrito, não exclusivo dos poetas, diga-se, mas seguramente eles estão entre os que nos dão a possibilidade de encontrar um fio que possa ser seguido.

Durante a pandemia de Covid, *Talagarça* foi bordado no afeto de muitas mãos, por meio de um financiamento coletivo. Sou grato a quem acreditou na poesia em tempos tão difíceis:

AC De Paula, Alexandre da Costa Pinto, Alexandre Meireles, Alexandre Villares, Álvaro Vieira, Amalia Giacomini, Amanda Saba Ruggiero, Amauri Arrais, Ana Cláudia Romano Ribeiro, Ana Luiza, Anderson Fabiano Freitas, André Balbo, Anne Dieterich, Arthur Lungov, Ary Rodríguez del Riego, Augusto Sampaio, Barbara Biscaro, Bárbara Damásio, Bárbara Maia, Bráulio Romeiro, Cadu Ribeiro, Caio Wendel, Carla Bessa, Carlos Franco, Carolina Amares, Carolina Hidalgo Castelani, Carolina Maria Aranha, Carolina Moraes, Cesar Roversi, Cláudia Geronymo, Cláudia Gomes de Araújo, Claudia Maria Guimarães, Clayton Melo, Cleo Regina Miranda, Clevio Rabelo, Coral Michelin, Cristina Betioli, Cristina Guimarães, Daniel Bueno, Daniel Costa, Danilo Medeiros, David Moreno Sperling, Dedé Ribeiro, Diana Maziero, Eduardo Ferroni, Eduardo Luiz do Amaral, Eduardo Rosal, Eliana Bolanho, Elísio Yamada, Emanuela Pio Guimarães Mendes, Erica Casado, Erica Navarro, Fábio Fernando, Fernanda Paiva Guimarães, Fernando Hashimoto, Flavia Galvão, Flávia Marinho, Fred Di Giacomo, Gabriel Girnos Elias de Souza, Gabriel Morais Medeiros, Geraldo Tadeu Guimarães, Getúlio Cardozo, Giancarlo Latorraca, Gil Barros, Giuliana Martini, Graziela Marcolin, Gregory Haertel, Guilherme Paes, Guilherme Petrella, Gustavo Bonin, Guto Ruocco, Harvey Amaral, Hebe Maria Do Amaral Pinto, Helena de Barros Garcia, Helena Marc, Henrique Pio Dardis, Heraldo Luiz do Amaral, Irene Gomes Batista, Janete Nagasawa Sato, Janete Pio Guimarães, Jean Mendes de Oliveira, Jéssica Moreira, Joana Vogt Maia Rosa, Joanna Barretto Jones, João Gabriel, João Paulo Amaral, João Sodré, João Valdo Pinto, Jordana Zola, José Lira, Jucilene Buosi, Júlia Matelli, Julia Pio da Veiga, Juliana Braga, Juliana de Araújo Antunes, Juliana Huet, Jussara Raymunda da Veiga, Karen Florindo, Kevin Kraus, Laís Araruna de Aquino, Lara Galvão, Laurie Di Francesco, Leopoldo Baratto, Leopoldo Cavalcante, Leticia Caldeira Quintella, Leticia Teixeira Mendes, Louise Woolley, Lourdes Casquete, Lucas Verzola, Luciana D'Ingiullo, Luciana Guimarães, Luciana Travassos, Luciano Braga de Lima, Luiza Amaral, Lygia Pereira Carramaschi, Maira Garcia, Malu Bastos, Marcelina Gorni, Marcelo da Costa Pinto, Marcelo Holl Cury, Marcelo Nocelli, Márcia Gemaque, Marcio Dal Rio, Marcio Yonamine, Marco Catalão, Marcos Barreto, Mareike Valentin, Maria Carolina Coutinho, Maria Cristina Costa Pinto, Maria Elvira Amaral, Maria Eugênia de Menezes, Maria Lins, Maria Madalena de Souza Santos, Maria Ondina Niero Naufel, Mariana Amaral, Mariana Costa Pinto, Mariana Felippe Viégas, Mariana Meirelles Ruocco, Mariana Zanetti, Marina Novaes, Matheus Guménin Barreto, Maurício Pereira, Maycon Alves, Milena Marques, Natália Alves Barbieri, Natália Zuccala, Nina Ghellere, Osório Barbosa, Pablo Hereñú, Paulo de Carvalho, Paulo Emilio Buarque Ferreira, Pedro Marques, Pedro Torreão, Poliana Fregulha, Pollyana Sousa, Priscila Branco, Renata Moreira, Renata Roquetti, Renato Cymbalista, Rita de Podestá, Rita Wirtti, Rodrigo Araujo, Sabrina Fontenele, Sandra Regina de Souza, Stefania Gola, Susy Zanetti, Sylvie Boechat, Telma Vinhas Cardoso, Thomas Prado, Tiago Guimarães, Trini Pedrosa, Valentim Quintella, Vana Medeiros, Vanessa Cicarelli, Victória dos Santos, Víviam Nálio, Vivian Codogno, Viviane Danhone, Walter Moreira, Wolf Borges.

Humberto Pio nasceu em Mantena, nas Minas Gerais, em 12 de dezembro de 1972. Criado em Mococa, interior de São Paulo, migrou para a capital em 1992. É poeta, arquiteto e professor. Autor de *Coágulo* (Editora Reformatório, 2019) – vencedor do Prêmio Maraã de Poesia 2018 – e co-autor do fotolivro *Samba Mínimo, Extra Luxo Super* (Edição do autor, 2012). Integra as coletâneas *Prêmio Off Flip de Literatura 2020* (Selo Off Flip, 2020), *Longe de Monte Carlo* (Edição do autor, 2020) e *Transitivos* (Off Produções Culturais, 2011) – apoiada pelo ProAC-SP 2010.

Esta obra foi composta em Rotis, impressa em ofsete. Capa em sanduíche empastado de cartão Supremo Alta Alvura 300g/m2 e miolo em papel Chambril 120g/m² com costura aparente, colado na terceira capa. Tiragem de 500 unidades, sendo 12 exemplares de colecionador, numerados e assinados pelo autor, com lombada pintada e embalagem em talagarça bordada. Para a Editora Reformatório em outubro de 2021.